AF198734

So lebt
Neapel

*Der perfekte Reiseführer für einen unvergessli-
chen Aufenthalt in Neapel inkl. Insider-Tipps und
Packliste*

Luise Eichwald

FSC
www.fsc.org

MIX

Papier aus ver-
antwortungsvollen
Quellen
Paper from
responsible sources

FSC® C105338

Alle Ratschläge in diesem Buch wurden sorgfältig erwogen und geprüft. Eine Garantie kann dennoch nicht übernommen werden. Eine Haftung für jegliche Personen-, Sach- und Vermögensschäden ist daher ausgeschlossen. Die Benutzung dieses Buches und die Umsetzung der darin enthaltenen Informationen erfolgt ausdrücklich auf eigenes Risiko.

Alle Rechte, insbesondere das Recht der Vervielfältigung und Verbreitung der Übersetzung, vorbehalten. Kein Teil des Werkes darf in irgendeiner Form (durch Fotokopie, Mikrofilm oder ein anderes Verfahren) ohne schriftliche Genehmigung reproduziert oder unter Verwendung elektronischer Systeme gespeichert, verarbeitet, vervielfältigt oder verbreitet werden.

✈ INHALT

Das erwartet Sie in diesem Buch

S eien Sie gespannt auf eine schillernde Welt im Süden Italiens. Die Stadt Neapel lädt Sie mit einer chaotischen Altstadt, einem der größten Seehäfen Italiens und unzähligen Ausflügen in längst vergessene Zeiten ein. In den folgenden Kapiteln erwartet Sie eine ausführliche Beschreibung der berühmtesten und interessantesten Sehenswürdigkeiten Neapels. Zudem bekommen Sie verlockende Einblicke in das Leben der Neapolitaner, in ihre Gewohnheiten und das leckere, weltbekannte Essen der Italiener: Pizza und Pasta. Dieser Reiseführer entführt Sie in die Welt der leuchtenden Amalfiküste und in die Unterwelt Neapels und in die Katakomben, in denen manche Gänge so eng und dunkel sind, dass Sie nur beschwerlich und mit einer Kerze bewaffnet durch sie hindurchpassen werden. Sie werden merken, dass Neapel eine Stadt ist, die niemals schläft, in der es aber auch Orte gibt, an denen Sie abschalten und den Alltag hinter sich lassen können. Sie bekommen das Gefühl, ein Teil von etwas ganz Besonderem zu sein, denn vieles der Sehenswürdigkeiten in Neapel stammt aus der Zeit vor Christi und gehört zum UNESCO-Weltkulturerbe.

Neapel hat viele Facetten: Sei es der noch aktive Vulkan Vesuv, die verschüttete Stadt Pompeji oder der Golf von Neapel direkt vor der Stadt. Lassen Sie sich von gelernten Reiseführern die Stadt zeigen, die mit viel Eifer und Respekt gegenüber den kulturellen Schätzen der Stadt ihre Geschichte erzählen. Falls unter Ihnen auch Nachteulen sind, trumpft dieser Reiseführer auch mit Tipps für eine spaßige Partynacht in Neapel und vielen Tipps und Tricks für den kleinen Geldbeutel. Also seien Sie gespannt auf kulturelle   Einblicke,   kulinarische

Geschmackserlebnisse und Orte, bei denen Sie denken werden, Sie seien in einer fremden Welt gelandet. Was wird Sie in Neapel erwarten? Spaß, Spannung und vor allem Abwechslung. Egal was Sie interessiert und wie alt Sie sind, in Neapel ist garantiert etwas für Sie dabei, was auch Ihr Urlaubsherz höherschlagen lassen wird.

Fakten – Gut zu wissen!

Italien, das Land des guten Essens und der Liebe. Es hat unglaublich viel zu bieten: wunderschöne Städte, das Meer und die Toskana. Eine dieser unzähligen Städte, die Sie besucht haben müssen, ist Neapel, die Hauptstadt der Region Kampanien. Die Menschen der Stadt sprechen oft nicht das Standartitalienisch, sondern das stark abweichende Neapolitanisch. Die Stadt Neapel hat sehr viele Facetten und für jeden etwas dabei: das kulturelle Erbe, Shoppen oder Partys. Neapel ist die drittgrößte Stadt Italiens, nach Rom und Mailand, und liegt südlich des Landes an einer 30 Kilometer langen Meeresbucht, dem Golf von Neapel. Die Einwohnerzahl beläuft sich derzeit auf knapp eine Million, was die Stadt zu einer richtigen Metropole macht. Also wer es gerne lebendig und schillernd mag, ist in Neapel genau richtig. Neapel ist bestückt mit zahlreichen historischen Bauten und Denkmälern und dadurch auf jeden Fall eine Reise wert.

Die Stadt an sich zeichnet sich durch viele kleine Gassen aus, aber es gibt auch ländliche Gegenden. Einer der größten Seehäfen ganz Italiens ist in Neapel beheimatet. Im Italienischen wird Neapel „Napoli" genannt und bedeutet so viel wie „Neue Stadt", was aus dem Griechischen stammt. Die Stadt hat durch ihre jahrhundertelange Geschichte vieles an Architektur und Kultur zu bieten. Sie ist zudem bekannt für den Vesuv, ein noch aktiver Vulkan und die von diesem Vulkan verschüttete Stadt Pompeji. Schon während des Bronze- und Eisenzeitalters war der Golf von Neapel dicht besiedelt. Diese Tatsache belegten Ausgrabungen unter der Piazza Garibaldi, dem Platz vor dem Hauptbahnhof Neapels. Zur Zeit der alten Griechen wurde Napolis, das heutige

Neapel im 6. Jahrhundert v. Chr., gegründet und durch hohe Mauern verborgen, um sich vor Dieben und Seeräubern zu schützen. Die heutige Stadtstruktur ist wohl auf die alten Griechen zurückzuführen, welche damals mit dem bekannten Tuffgestein, auf welches später noch eingegangen wird, Häuser und Tempel bauten. Die alten Griechen verstanden damals schon viel von Handwerk und Kunst und erbauten eine ehrwürdige Stadt.

Das heutige Neapel gleicht dieser alten griechischen Bauweise nur noch durch die Stadtstruktur. Im Jahr 327 v. Chr. eroberten die Römer Napolis und behielten die griechische Sprache bei. Es sollen zu Zeiten der Römer schon Olympische Spiele unter Kaiser Augustus stattgefunden haben. Im Jahre 1860 marschierte Guiseppe Garibaldi in Neapel ein und die Bevölkerung befürwortete einen Anschluss an das Königreich Italiens. Vittorio Emanuele III. wurde 1869 in Neapel geboren und wurde später König des Landes Italien. Er sorgte vor allem dafür, dass die Lebensqualität in Neapel enorm anstieg und die Neapolitaner ein besseres Leben führen konnten. Im Jahre 1946 wurde darüber entschieden, wie es in Italien und somit auch in Neapel weitergehen soll und die Mehrheit der Neapolitaner wollte, dass die Monarchie fortgeführt wird. Wie Sie sicher wissen, wurde die Monarchie in Neapel und Italien nicht weiter beibehalten und die Italienische Republik wurde eingeführt.

Die perfekte Reisezeit ist eher im Frühjahr oder Herbst. In den Sommermonaten kann es durchaus zu einer unangenehmen Hitze kommen, die auch den Einheimischen nicht sehr gut bekommt. Wer mit dem Flugzeug anreist, kann direkt mit seinem Gepäck aus dem Flughafengebäude spazieren und findet wenige hundert Meter weiter, für 5€, die Möglichkeit mit einem Bus, genannt Alibus, in die Innenstadt Neapels gebracht zu werden. Die Tickets können an einem Automaten in der Flughafenhalle gekauft werden, aber auch noch beim Busfahrer selbst gibt es die Chance ein Ticket zu erwerben. Der Bus fährt alle 20 Minuten, zwischen 6:30 Uhr und 23:00 Uhr und lässt Sie an verschiedenen Stationen in Neapel aussteigen. Falls Sie mit viel Gepäck anreisen sollten und lieber mit einem Taxi in die Stadt fahren möchten, stehen Ihnen diese vor dem Flughafengebäude zur Verfügung. Eine Fahrt kostet ungefähr 20-25€ und dauert je nach Verkehr 20-30 Minuten.

Neapel trumpft bei vielen Besuchern mit seiner charakteristischen Altstadt auf, durch die sich ein ausgedehnter Spaziergang lohnt. Dadurch können Sie bereits einiges von Neapel zu Fuß entdecken. Das historische Zentrum zählt mittlerweile, aufgrund von zahlreichen Kirchen und der größten Kathedrale, der Duomo di San Gennaro, zum UNESCO-Weltkulturerbe. Auf diese wird im späteren Kapitel genauer eingegangen.

Mitten in der Altstadt können Sie im Klostergarten des Convento di Santa Chiara entspannen. Zudem können Sie sich eine Pause in einer ruhigen Ecke mitten in Neapel gönnen, dem Piazza Bellini. Dort liegen zahlreiche Cafés direkt an einer archäologischen Ausgrabungsstätte. Dort wurde die griechisch-römische Stadtmauer aus Tuffstein aus dem 4. Jahrhundert v. Chr. gefunden und ausgegraben. Sie zieht neugierige Urlauber und selbst Einheimische an, da dies trotzdem ein Ort der Ruhe ist.

Zu Beginn Ihrer Reise sollten Sie auf die üblichen Basics achten, damit Ihrer Reise nichts im Weg steht. Sie sollten schauen, ob Ihr Ausweis gültig ist und ob Sie eine Reiseversicherung abschließen wollen. Sinnvoll ist es auch, sich vorher zu informieren, wo überall Banken in der Nähe Ihrer Unterkunft sind. Zudem ist es praktisch, wenn Sie Touren und Ausflüge vorher im Internet buchen, da es öfter Sparpreise gibt und Sie so auf lange Wartezeiten am Ankunftstag verzichten können.

Sehenswürdigkeiten

In Neapel können Sie so einiges erleben. Sei es direkt am Krater eines noch aktiven Vulkanes zu stehen, Ruinen einer längst vergangenen Zeit zu besichtigen oder einfach shoppen zu gehen in der Altstadt Neapels. In dieser Stadt ist für jeden etwas dabei und auf den nächsten Seiten werden einige Sehenswürdigkeiten vorgestellt, die bei einem Besuch in dieser chaotischen Stadt ein Muss sind. Es werden auch die guten und schlechten Manieren der Neapolitaner vertieft und Hinweise gegeben, welche auf jeden Fall berücksichtig werden sollten, damit Ihr Aufenthalt in Neapel unvergesslich wird und Sie daheim erzählen können, was Sie dort alles erlebt und gesehen haben.

DER VESUV

Das Besondere am Vesuv ist, dass er der letzte aktive Vulkan auf dem europäischen Festland ist. Er liegt genau neun Kilometer von Neapel entfernt in der Region Kampanien. Diese neun Kilometer zurückzulegen, lohnt sich, um den Vesuv hautnah zu erleben. Der Vesuv ist 1281 Meter hoch und hat 79 n. Chr. mehrere Städte unter Asche begraben, darunter auch die berühmte Stadt Pompeji. Im 20. Jahrhundert ist der Vesuv mehrere Male ausgebrochen, unter anderem 1906, 1929 und der letzte Ausbruch war im Jahre 1944. Auch bei diesem letzten Ausbruch sind Orte verschüttet worden, wie Massa di Somma und San Sebastiano. Der Vulkan bietet vielen Forschern rund um den Globus eine Plattform, um den Vulkanismus besser zu verstehen. Wann und ob der Vesuv wieder ausbricht, kann mit keiner absoluten Sicherheit gesagt werden, es bleibt ein Geheimnis, welches nur der Vesuv selbst kennt. Wenn Sie am Krater des Vesuvs stehen, können Sie

Aschewolken sehen und Schwefel riechen. Es ist wirklich beeindruckend auf eine solche Naturgewalt hinabblicken zu können.

Der Vesuv wird jedes Jahr von über tausend interessierten Besuchern bestiegen. Es gibt verschiedene Möglichkeiten, um sich in Neapel Karten für einen Ausflug zu kaufen. Entweder können Sie sich eine Karte an einem der vielen Straßenstände besorgen oder einfach online einen Ausflug buchen. Sicher sind Ihnen die Hotelangestellen gerne bei Fragen behilflich. Es gibt natürlich auch die Möglichkeit, sich selbst einen Mietwagen zu organisieren, doch ist der dortige Straßenverkehr nicht vergleichbar mit dem in Deutschland. Sie müssen sehr vorsichtig sein, wenn Sie eine Straße überqueren und erst recht, wenn Sie sich entschieden haben, selbst zu fahren. Verkehrsregeln werden hier nicht unbedingt beachtet.

Unter anderem kann der Weg bis zum Parkplatz vor dem Vesuv auch mit einem Fahrrad oder glatt zu Fuß zurückgelegt werden, aber dazu muss sich jeder selbst im Klaren sein, was für ihn das richtige darstellt, eine Erfahrung ist dies allemal. Es sollte beachtet werden, dass der Aufgang zum Vesuv sehr steil, steinig und anstrengend ist und gut und gerne eine halbe Stunde in Anspruch nehmen kann. Deshalb sollten Sie darauf achten, genügend Flüssigkeit zu sich zu nehmen und auch Getränke dabei zu haben.

Zur Not hier ein kleiner Tipp: Es gibt kurz vor dem Krater ein kleines Häuschen, bei diesem können Getränke und Lebensmittel erworben werden und auf einigen Bänken können Sie die unglaublich schöne Aussicht genießen. Der Vesuv kann ganzjährig besichtigt werden zu verschiedenen Uhrzeiten, welche ganz einfach online nachgeschaut werden können. Auch an Sonn- und Feiertagen ist es Ihnen möglich, den Vulkan zu besteigen. Seit 1995 ist das Gebiet des Vesuvs ein Nationalpark und es führt nur ein Weg direkt zum Krater. Den Krater können Sie übrigens vom Hafen in Neapel aus sehr gut sehen, es ist ein faszinierender Anblick für viele Urlauber und Einheimische. Die Eintrittspreise belaufen sich derzeit etwa auf 10€ pro Person, SchülerInnen und StudentInnen erhalten einen Preisnachlass von 2€, wenn sie ihren Schüler- bzw. Studierendenausweis vorzeigen. Kinder mit einer Körpergröße bis zu 1,20 Metern und in Begleitung eines Erziehungsberechtigten und schwerbehinderte Personen in

Begleitung, erhalten kostenlosen Zutritt zum Vesuv. Je nach Wetterlage ist es ratsam, entweder einen dicken Pullover und/oder eine Regenjacke einzupacken oder einen Sonnenhut und Sonnencreme. Es kann entweder sehr kalt und windig auf dem Vesuv werden oder die Hitze der Sonne kann Sie verbrennen. Dort gibt es keinen Schatten, deshalb ist es von großer Wichtigkeit, auf die empfohlenen Ratschläge zu achten. Wenn Sie sich am Kraterrand des Vesuvs befinden, können Sie dort in aller Ruhe den Anblick dieses letzten aktiven Vulkans auf europäischem Festland genießen und als Pointe gibt es einen wundervollen Ausblick über den Golf von Neapel dazu. Achten Sie bitte darauf, keinen Müll einfach in den Vulkan zu schmeißen oder im Nationalpark liegen zu lassen.

POMPEJI

Wie schon im vorherigen Kapitel über den Vesuv deutlich wurde, wurde die Stadt Pompeij 79 n. Chr. durch diesen verschüttet. Viele kennen die berühmte Stadt Pompeji durch Filme, Literatur und Kunst. Sie ist die einzige antike Stadt, die so gut erhalten geblieben ist, trotz ihres Unterganges. Sie wurde erst im 18. Jahrhundert wiederentdeckt und ist seither gefragt bei Forschern und Archäologen. Mittlerweile ist sie ein beliebtes Ausflugsziel in Italien und wird, genau wie der Vesuv, jährlich von tausenden interessierten Besuchern erkundet.

Die ungünstige geographische Lage der Stadt hatte zum Nachteil, dass sie damals von der Katastrophe (dem Vulkanausbruch) heimgesucht wurde, da sie direkt am Fuße des Vulkans erbaut wurde. Pompeji hat vor allem Archäologen viel über das damalige Leben preisgeben können und es konnten dutzende von antiken Gegenständen geborgen werden, da sie durch die Asche des Vesuvs konserviert worden sind. Durch diese Entdeckungen konnte das Leben der alten Römer weitestgehend rekonstruiert werden und kann Ihnen einen realen Einblick in die Geschichte der antiken Stadt und in das Leben der alten Römer gewähren. Es ist unfassbar, dass die Stadt verschiedene Epochen durchgemacht und verschiedene Szenarien überlebt hat und uns heute immer noch Aufschluss über das frühere Leben geben kann. Seit Beginn der Aufzeichnungen hatten über 30 verschiedene Personen die Leitung über die Grabungen. Sie alle haben ihren Teil dazu beigesteuert, das Vermächtnis der alten Römer zu sichern und zu überliefern.

Ein Besuch in der verlorenen Stadt lohnt sich auf jeden Fall, vor allem wenn Sie sich für Geschichte interessieren. Ein Rundgang gibt viele Einblicke und Sie können einige sehr gut erhaltene Gegenstände, wie Vasen und dergleichen, Unterkünfte, Thermen und Theater, betrachten. Sie benutzen die Pfade und Wege, welche die Einwohner Pompejis vor Jahrtausenden benutzten. Sie sehen die Häuser, in denen sie lebten, die Theater, die sie besuchten. Wenn Sie einen Ausflug buchen möchten, gibt es auch hier verschiedene Möglichkeiten und diverse Kombinationen mit anderen Sehenswürdigkeiten. Es gibt zum Beispiel die Option, einen Tagesausflug mit dem Bus zu buchen, welcher die Ziele Vesuv und Pompeji anfährt. Natürlich können Sie auch an einem Tag nur die Stadt besichtigen. Die Kosten für solche Ausflüge belaufen sich auf unterschiedliche Summen, in Abhängigkeit davon, bei welchem Veranstalter gebucht wird und was alles inbegriffen ist, sprich Abholung und Transfer per Bus, Mittagessen, Eintrittskarten oder ein Guide. Es lohnt sich, im Internet zu recherchieren, welches Angebot am günstigsten ist.

Wie lange solch eine Tour geht, ist auch unterschiedlich, sie kann sich aber auf bis zu acht Stunden belaufen, wenn beide Sehenswürdigkeiten in Kombination gebucht werden. Des Weiteren können Sie Pompeji mit einem Guide besichtigen oder auf eigene Faust. Es ist jedoch sinnvoll, sich von einem erfahrenen Guide über die Geschichte Pompejis und die Ruinen, die besichtigt werden, aufklären zu lassen. Zudem kennen die Guides sich auf dem Gelände aus, welches sehr weitläufig ist und sich auf einige Quadratkilometer erstreckt. Bei der Führung durch Pompeji sollte ebenfalls drauf geachtet werden, dass genügend Flüssigkeiten eingepackt werden und an Sonnenschutz gedacht wird, da es wenig Schattenplätze gibt und Sie viel laufen werden.

KATAKOMBEN

Katakomben sind einst unterirdische Gräber gewesen. In den Steinmauern wurden Nischen geschaffen, in denen die Toten bestattet werden konnten. Vor allem Italien ist bekannt für seine weitverbreitete Unterwelt. Unter der Stadt Neapel befinden sich viele kleine und große Gassen und verästelte Wege, die über mehrere Stockwerke gehen und sich kilometerweit unter der Stadt erstrecken: die Katakomben. Die Katakomben von San Gennaro sind heute ein beliebtes Ziel bei Touristen und die größten Katakomben im Süden Italiens. Der Name „San Gennaro" stammt vom gleichnamigen Schutzpatron von Neapel und drei weiteren italienischen Städten.

Die Katakomben von San Gennaro sind Ende des zweiten Jahrhunderts n. Chr. Entstanden und erstrecken sich über 5600 Quadratkilometer. Sie beherbergen mittlerweile über 2000 Grabstätten und 500 Nischengräber. Sie wurden damals für eine römische Adelsfamilie erbaut und seitdem immer weiter vergrößert. Durch den sogenannten Tuffstein konnten die Katakomben weiter und besser ausgebaut werden als zum Beispiel die Katakomben in Rom. In den Katakomben Neapels befinden sich sogar eine

Basilika und ein großes Taufbecken, welches Bischof Paul II beauftragt hat. An einigen Stellen sind die Decken sechs Meter hoch, es befinden sich aber auch sehr kleine und enge Gassen in dem Netz der Katakomben. Die Katakomben haben im Zweiten Weltkrieg über zehntausend Menschen Schutz vor den Luftangriffen der Alliierten geboten, da es dort am sichersten für viele war.

Doch durch den schwierigen und steilen Abstieg haben es vor allem ältere Menschen nicht in die schützenden Höhlen der Katakomben geschafft. Nach dem Zweiten Weltkrieg haben weiterhin viele Neapolitaner in den engen Winkeln der Katakomben gehaust, weil ihr Lebensraum oberhalb der Erde zerstört wurde und nichts mehr übriggeblieben ist. Wenn Sie eine Führung durch die weiten, vernetzten Gassen mitmachen, werden Sie viele alte Gegenstände dieser Zeit in den Höhlen sehen und auch Bilder an den Wänden sollen zeigen, wie die Menschen früher dort gelebt haben. Jahre nach dem Krieg wurden die Katakomben vergessen und dienten nur noch als Mülllager bis sie voll waren. Bis es 1979 auf einmal in Neapel brannte und bei den Löscharbeiten die längst vergessenen Gänge der Unterwelt wieder zum Vorschein kamen und freigelegt wurden. Dadurch wurde eine wichtige Geschichte der Stadt freigelegt, die bis heute zum Leben der Neapolitaner gehört.

Sie finden den Eingang zu den Katakomben direkt neben der Basilica Madre del Buon Consiglio und Führungen werden stündlich angeboten. Die Führungen werden in den Sprachen Italienisch und Englisch durchgeführt und der Preis eines Tickets ist unterschiedlich, es kommt darauf an, ob Sie es online erwerben oder an Ort und Stelle kaufen. Wenn Sie ein Ticket direkt beim Eingang der Katakomben kaufen, müssen Sie meistens anstehen, denn die Katakomben sind sehr beliebt. Es lohnt sich also, sich frühzeitig vor Beginn der nächsten Führung beim Eingang der Katakomben zusammenzufinden. Wenn Sie online recherchieren, können Sie feststellen, dass einige Internetseiten Tickets verkaufen und dafür kein Anstehen garantieren. An dieser Stelle können Sie abwägen, was Ihnen lieber ist. Der Besuch in den Katakomben dauert 60 Minuten und es ist ratsam, wärmere Kleidung einzupacken, da es unterhalb der Erde kalt werden kann, die Temperaturen können dort zwischen 15-22 Grad betragen. Sie können die

Katakomben jeden Tag, von Montag bis Sonntag, besuchen. Die erste Führung beginnt jeden Tag um 10 Uhr morgens und die letzte ist um 17 Uhr. Ausnahme ist sonntags, an diesem Tag ist die letzte Führung um 14 Uhr.

KATHEDRALEN UND BURGEN

Die berühmte Kathedrale in Neapel, die Cattedrala di Santa Maria Assunta, ist die Hauptkirche Neapels und der Madonna dell´Assunta gewidmet. Zudem werden hier einige Reliquien des Schutzpatrons Neapels, San Gennaro, den Sie im vorherigen Kapitel über die Katakomben schon kennengelernt haben, aufbewahrt. Aus diesem Grund finden Sie diese Kathedrale auch häufig unter dem Namen "Duomo di San Gennaro". Wie Sie sehen können, hat dieser Schutzpatron einen erheblichen Einfluss auf Neapel und seine Bewohner und ist in der Geschichte der Stadt tief verwurzelt. Die Kathedrale wurde auf den Fundamenten zweier frühchristlicher Basiliken errichtet und der Neubau der heutigen Fassade begann ab 1265, in Auftrag gegeben von König Karl I. von Anjou. Erst im 14. Jahrhundert wurde der Bau der Kirche unter der Regierung von Robert dem Weisen beendet. Über Jahrhunderte hinweg wurde an der Kirche immer wieder etwas ergänzt und verschiedene Stile flossen in den Bau der Kirche mit ein. Mitunter wurde sie oft Opfer von Erdbeben und auch aus diesem Grund musste diese Kirche oft restauriert werden. Auch im Inneren punktet die Kathedrale mit ihren verschiedenen Stilen.

Die Besonderheit dieser Kathedrale ist, dass jedes Jahr Messen abgehalten werden für das berühmte Blutwunder von Neapel. Dabei beten viele Gläubiger dafür, dass das Märtyrerblut verflüssigt wird, da es ein glückbringendes Zeichen für Neapel sei. San Gennaro war einst der Bischof von Benevent und wurde während der Christenverfolgung enthauptet. Eine Frau soll das Blut des Bischofs, des Märtyrers, in einer Ampulle aufgefangen haben. Nach seinem Tod wurden sein Leichnam und sein Blut in den Katakomben von San Gennaro beigesetzt. Mittlerweile soll sich eine Ampulle mit seinem Blut seit 1646 in der Cattedrala di Santa Maria Assunta befinden. Deshalb ist sie auch der Ort dieser Zeremonie und trägt den zusätzlichen Namen Duomo di San Gennaro.

Diese Kathedrale zu besichtigen ist ein Muss für alle, die sich näher mit der Geschichte Neapels beschäftigen und die Einwohner besser kennenlernen wollen. Inmitten von Neapels chaotischer Altstadt ist ein Rückzugsort entstanden, der Ruhe und beeindruckende Baukunst bietet. Sie können sich die Kathedrale auf eigene Faust anschauen, aber wenn Sie die volle Wirkung dieses kunstvollen Gebäudes erleben möchten, bietet es sich an, eine zahlungspflichtige Führung zu buchen. Neben dem heiligen Blut von San Gennaro hat diese beeindruckende Kathedrale auch einige Kunstwerke von berühmten Künstlern zu bieten, darunter Gemälde von Perugino und Luca Giordano und Fresken von Domenichino und Giovanni Lanfranco.

Neapel hat nicht nur wunderschöne Kathedralen zu bieten, sondern auch prachtvolle Burgen. Das Castel Nuovo bedeutet „Neue Burg" auf Italienisch und ist eines der bekanntesten Bauwerke der Stadt. Sie wird auch Maschio Angioino genannt. 1279 wurde mit dem Bau der Burg begonnen und seitdem wurde diese, wie so viele Bauwerke auch, umgebaut und renoviert. Diese Burg diente verschiedenen Königen als Festung und Wohnort. Die Burg befindet sich direkt am Hafen Neapels und wenn Sie mit einer Fähre oder einem Kreuzfahrtschiff nach Neapel reisen sollten, können Sie die Burg schon aus weiter Ferne erblicken. Im Inneren der Burg befindet sich ein Museum, das Museo Civicio in der alten gotischen Kapelle des Castel Nuovo. Dieses wurde im Jahr 1990 eingeweiht. Des Weiteren können Sie bei Ihrem Besuch einiges über die Geschichte Neapels lernen und Skulpturen aus dem 14. und 15 Jahrhundert bestaunen. Im südlichen Teil der Burg gibt es auf drei Stockwerken weitere beeindruckende Kunstwerke aus längst vergessener Zeit. Im Laufe der Jahrhunderte hat das Castel Nuovo Kriege und andere schwere Zeiten überstanden und gilt daher als Zeichen des Trotzes und des Widerstandes in Neapel.

Auch die Burg Castel Sant´Elmo ist ein unübersehbares Wahrzeichen der Stadt. Diese Festung hat ihren Standort auf dem Vomero. Vomero ist ein wohlhabender Stadtteil Neapels und ein Hügel, auf dessen Kuppel Castel Sant´Elmo thront. Baubeginn dieses Wahrzeichens war im Jahre 1329. 14 Jahre später wurde der Bau der Burg abgeschlossen. In den folgenden Jahren wurde die Festung ein

Zufluchtsort für verschiedene Könige. In den Jahren 1860 bis 1952 wurde die Festung als Militärgefängnis genutzt und war danach auch weiterhin bis 1979 in militärischem Besitz. Seit 1982 ist die Burg für jeden zugänglich und beherbergt verschiedenste Wisseneinrichtungen und eine historische Bibliothek.

Das Castel dell'Ovo ist eine weitere Festung in der Stadt Neapel auf der Insel Megaride. Ein Besuch hierher lohnt sich. Sie liegt auf einer kleinen Insel im Stadtteil San Ferdinando, nicht weit vom Festland entfernt und ist durch einen Steg mit diesem verbunden. Dies ist die älteste Festung in ganz Neapel. Sie wurde vom 1. Jahrhundert v. Chr. bis ins 16. Jahrhundert erbaut und - wie die vorherigen Burgen - oft renoviert. Laut einer Legende soll ein römischer Dichter namens Vergil ein Ei in das Fundament gelegt haben, deshalb auch der Name Castel dell'Ovo, und verschiedene Regenten Neapels mussten während ihrer Herrschaft zur Festung und sich überzeugen, dass das Ei noch heil sei. Denn solange das Ei unversehrt blieb, wird auch Neapel nichts passieren. Die geographische Lage der Burg ist sehr vorteilhaft, denn sie bietet eine wunderschöne Aussicht auf den Hafen Neapels und das Meer. Im 19. Jahrhundert bildete sich um die Burg ein kleines Fischerdorf. Dieses existiert auch heute noch und ist für seine vielen Restaurants bekannt und wird daher oft von Touristen aufgesucht. In der heutigen Zeit steht die Burg für Ausstellungen und spezielle Events zur Verfügung. Des Weiteren können Sie die Burg im Sommer und Winter zu bestimmten Zeiten kostenlos besichtigen.

MUSEEN

Im Folgenden lernen Sie wunderschöne Museen aus der Stadt der alten Römer kennen. Es gibt eine Vielzahl von Museen, die Sie sich unbedingt anschauen müssen. Doch sind es einfach zu viele, um sich alle anschauen zu können. Deshalb werden hier einige wichtige und spannende Museen vorgestellt, welche sicher interessant für Sie sind. Nummer eins ist die Cappella Sansevero. Dort finden Sie auch die berühmte, verhüllte Jesu Statue. Die Führungen durch die Kapelle dauern ungefähr 40 Minuten und Sie können fantastische Skulpturen sehen, aus purem Marmor. Je nachdem, welches Ticket Sie buchen, variieren die Kosten. Wenn Sie online eine Führung buchen, haben Sie bei vielen Ticketanbietern die Möglichkeit, direkt am Tag der Führung in die Kapelle zu gelangen, ohne vorher anzustehen. Dort müssen die Personen warten, die sich erst vor Ort ein Ticket kaufen. Viele sind Touristen und auch die Einheimischen, sind begeistert von den künstlerischen Fassaden in der Kapelle. Es ist, als seien Sie in einer anderen Zeit gelandet. Es empfiehlt sich, diese Tour mit Audioguide zu buchen, damit Sie direkt in Ihrer Sprache erfahren, was das Besondere der Kapelle ist.

Ein weiterer Tipp ist das Museo Universitario delle Scienze e delle Arti. In diesem Museum wird die menschliche aber auch die tierische Anatomie dargestellt, durch echte Präparate aus verschiedenen Jahrhunderten. Des Weiteren werden auch Wachsmodelle ausgestellt. Der Eintritt ist kostenlos, aber es gibt die Möglichkeit, eine geführte Tour mit Audioguide zu buchen. In dieser Ausstellung finden Sie sehr viel Liebe zum Detail wieder. Die Angestellten sind selbst begeistert von dem, was sie erzählen, wodurch die Ausstellung umso mehr zu einem spektakulären Erlebnis wird. Die Ausstellung befindet sich im Universitätsgebäude im ersten Stock, sehr leicht zugänglich. Für echte Experten, aber auch für Laien ist diese Ausstellung ein Muss und den Ausführungen ist gut Folge zu leisten. Wenn Sie schon in der Altstadt in Neapel sind, dann lohnt es sich, einen Blick in dieses Universitätsgebäude zu werfen, es wird lediglich darum gebeten, sich vorher auf der Homepage anzumelden. Eine weitere Kirche, welche sich wie ein Museum anschauen lässt, ist die Chiesa dei Santi Filippo e Giacomo – Complesso Museale dell´Arte delle Seta. Dieses Gebäude ist reich an Geschichte und voller wunderschöner Kunstwerke. Zu Stoßzeiten ist es dort sehr voll, da es nur eine kleine Kirche ist, aber es lohnt sich. Hier werden normale Führungen angeboten, welche ungefähr eine Stunde dauern. Sie können dem ganzen aber auch mit einem Audioguide folgen.

Ein weiteres Ausflugsziel ist der Friedhof Fontanelle in Neapel. Dies ist natürlich kein Museum im klassischen Sinn, aber hinter diesem Friedhof steckt viel Geschichte. Der Friedhof befindet sich in einem Höhlensystem aus Tuffgestein, er wurde zum ersten Mal als Begräbnisstätte genutzt, als durch die Pest und Cholera tägliche eine Vielzahl an Menschen starben und die normalen Friedhöfe schon überfüllt

SO LEBT NEAPEL

waren. Wenn Sie in den Friedhof hineingehen, erwartet Sie ein gruseliges Ambiente, denn es liegen direkt die Skelette der Toten aufgestapelt und Sie erkennen Schädel und einzelne Knochen wieder. Diese Höhlen hatten vorher als Steinbruch gedient und waren somit Wasserquellen für die Einheimischen. Der Friedhof besteht aus drei trapezförmigen Hallen, die etwa 10 bis 15 Meter hoch sind. Die Korridore sind 100 Meter lang und die gesamte Fläche beträgt 3000 m2.

Das Museum San Martino sollten Sie sich nicht entgehen lassen, wenn Sie eine herrliche Panoramalage genießen wollen und wunderschöne Krippen und Gemälde sehen möchten. Dieses Museum hat außerdem nicht nur Kunstgegenstände zu bieten, sondern auch einen tollen Garten. Seit 1866 ist das Museum im Klosterkomplex Certosa di San Martino auf dem Hügel des Sant'Elmo ansässig. Sie können hier in den großen Sälen Krippen begutachten und die Geschichte der Stadt Neapels kennenlernen. Wenn Sie sich zu einem Spaziergang im großen Klostergarten entschließen, können Sie auf den Golf von Neapel blicken und auch den Vesuv sehen. Die Gemälde und Skulpturen in diesem Museum stammen aus dem 13. bis 19. Jahrhundert. Zudem gibt es eine Abteilung für Volkskunst, eine Marine-Abteilung und eine Ausstellung über den Vesuv. Das Kloster wurde im Jahr 1368 vollendet.

Es gibt auf dem Vomero auch eine alte Villa, welche Sie besichtigen können - die Villa Floridiana. Im Jahre 1815 kaufte ein gewisser Ferdinand IV. von Neapel das Grundstück als Sommerresidenz für seine Frau, die Herzogin von Floridia. Aus diesem Grund hat das Anwesen den Namen Floridiana erhalten, um seien Frau zu ehren. Zwischen 1817 und 1819 wurde das Anwesen im neoklassizistischen Stil umgebaut und die Gärten wurden an die Epoche der Romantik angelehnt. Verschiedene Bäume und Pflanzen schmücken mittlerweile den Garten und laden zu einem ausgedehnten Spaziergang für jedermann ein. Seit 1927 verbirgt sich in den Hallen der Villa das Museo nazionale della ceramica Duca di Martina. Der Fokus in diesem Museum liegt vorwiegend auf Porzellan aus vielen Orten und Ländern.

Wer sich vor allem mit der Natur verbunden fühlt, ist im Museum der Koralle genau richtig. Hier wird die Geschichte der Korallenschmuckproduktion dargestellt und erzählt. Das Museum ist in zwei

Abschnitte unterteilt. Im ersten Bereich werden Korallenarten gezeigt von unterschiedlicher Herkunft, wie sie gefangen und wie diese bearbeitet worden sind. Das Museum liegt im ersten Stock der Galleria Umberto und hat dort weitreichende Räumlichkeiten. Durch die Fenster können Sie über das Zentrum Neapels blicken und haben dadurch noch ein schönes Extra gewonnen.

DIE AMALFIKÜSTE UND CAPRI

Bei einem Besuch in Neapel lohnt es sich vor allem auch, eine Tour an der Amalfiküste mit einzuplanen. Die Amalfiküste besticht mit wunderschönen Städten, wie Amalfi, Ravello, Sorrent und Positano und einem ständigen Ausblick direkt über das Meer. Diese Küste liegt am Golf von Salerno und ist die Südküste der Halbinsel Sorrent. Sie gehört zu den beliebtesten Reisezielen bei Urlaubern und jährlich kommen tausende Touristen, um sich selbst ein Bild dieser Kulisse zu machen. Jede Stadt, die in den kleinen Buchten entlang der Steilküste beheimatet ist, lädt Sie mit ihrem ganz eigenen Charme ein und macht einen Ausflug entlang des Meeres unvergesslich. Der Küstenabschnitt befindet sich zwischen Vietri sul Mare im Osten und der Stadt Positano im Westen und wird seit 1997 mit zum UNESCO-Weltnaturerbe gezählt.

Die Zeit in der Stadt Neapel kann laut und stressig werden, deshalb gönnen sich viele Urlauber einen entspannten Tag mit einer Tour entlang der Amalfiküste und entfliehen so dem chaotischen Stadtleben. Wenn Sie ihren Ausflug nach Neapel im Frühling oder Herbst planen, spricht auf jeden Fall nichts gegen eine Reise entlang der Küste der Halbinsel. Andernfalls kann es in den sehr heißen Sommermonaten zu überfüllten Engpässen in den schon sehr kurvenreichen engen Straßen der Küste kommen. Durch die vielen unglaublich schönen Städte ist die Küste ein echter Magnet für kulinarische Genießer und Urlauber, die einfach das einladende Panorama auf das Meer und die steilen Hänge, auf denen hunderte von Häusern gebaut worden sind, genießen wollen. Durch diesen Anblick können Sie auch schon mal jegliches Zeitgefühl vergessen und werden Zeuge von einer wahrhaft beeindruckenden Natur. Die Landschaft hat von Olivenbäumen, Weinreben bis hin zu Zitrusfrüchten alles zu bieten. Diese können Sie sich während einer Pause auf den Terrassen der kleinen Städte genauer ansehen. Zudem haben viele kleine Städte einige prachtvolle Kirchen zu bieten, sowie feine Sandstrände.

Wenn Sie sich für einen Urlaub in Neapel entschieden haben, aber auf eine Reise Richtung Amalfiküste nicht verzichten wollen, können Sie sich vorher Gedanken machen, was genau Sie dort alles sehen wollen, denn ein einzelner Urlaub an die Küste lohnt sich auch und diesen könnten Sie mit Ihrem Städtetrip nach Neapel verbinden. Sie können sich eine Bustour buchen, mit der Sie an der Küste entlangfahren, aber auch auf eigene Faust mit dem Zug vom Bahnhof Neapel an die Amalfiküste fahren und dort wandern gehen oder mit verschiedenen Bussen an die gewünschten Orte fahren. Doch spricht die Dauer der Fahrtzeit eher dafür, eine Tour mit einem Reisebus zu mieten, da Sie dieser direkt an die Küste bringt und dort an den lohnenswerten Hot-Spots haltmacht. Eine Fahrt mit dem Zug würde deutlich mehr Zeit in Anspruch nehmen.

Kommen wir zu der Insel Capri. Diese ist 10,4 km2 groß und befindet sich im Golf von Neapel. Viele Urlauber reisen nach Capri, um sich die Höhlen am

Meer anzuschauen und das Gefühl von Ruhe und Entspannung auf der kleinen Insel zu genießen. Die Strecke zur Insel beträgt nur 5 Kilometer und sie gehört zur Stadt Neapel. Auf Capri herrschen ein mildes Klima und eine grüne Vegetation. Auch auf Capri können Sie Weinreben und Obstbäume bestaunen. Auf Capri ist der höchste Punkt der Berg Monte Solaro mit 589 Metern über dem Meer. Auf Capri lebten 2016 14.204 Menschen. Diese heißen die Gäste, die sich ihre schöne Insel anschauen wollen, herzlich willkommen. Punkten kann die Insel mit ihrem eigens hergestellten Rot- und Weißwein, der Capri DOC. Er genießt seit 1977 eine kontrollierte Herkunftsbezeichnung.

Mit einem Glas Wein und dem Blick aufs Meer gerichtet, tun Sie sich auf jeden Fall etwas Gutes. Der Hauptort im Osten der Insel nennt sich auch Capri und in diesem gibt es einige Hauptgeschäftstraßen, durch die Sie bummeln können, um sich einige Souvenirs mit in die Heimat zu nehmen. Demgegenüber gibt es im Westen den Hauptort Anacapri. In Anacapri können Sie sich den inseleigenen Leuchtturm anschauen und natürlich die berühmte blaue Grotte. Zwischen Frühling und Spätherbst ist es nur den Einwohnern der Insel gestattet, Auto zu fahren. Es gibt aber Taxen und Omnibusse, welche Urlauber von einem Ort zum anderen bringen und einen Sessellift auf den Monte Solaro. Vom Festland aus bringen Sie unzählige Schiffe zur Insel Capri, natürlich auch vom Hafen Neapel. Die großen Schiffe sind meist günstiger als die kleinen.

Des Öftern wurde hier die Blaue Grotte genannt und Sie wollen sicher wissen, was es mit dieser auf sich hat und wo und wie Sie zu dieser gelangen. Die Grotte ist nur ein Loch im Felsen mit einer Höhe von 1,5 Metern. Die Grotte ist 52 Meter lang und 30 Meter breit und beherbergt natürlich Wasser, welches 15 Meter tief ist. Es ist ein unglaubliches Gefühl, mit einem kleinen Boot in die Grotte zu fahren und vom strahlenden Blau der Grotte begrüßt zu werden. Ein großes Boot bringt Sie in die Nähe der Grotte, doch müssen Sie dort auf kleinere Boote umsteigen, da Sie sonst nicht in die Grotte einfahren können. Ab und zu kann es zu einem hohen Personenaufkommen vor der Grotte kommen und es kann dadurch sein, dass Sie in ihren kleinen Booten vor der Einfahrt der Höhle warten müssen.

Capri ist eine Insel wie aus einem Märchen. Viele

kleine bunte Häuser, das Meer direkt vor der Haustür, mit geheimnisvollen Grotten und Berge, die sich gen Himmel erstrecken - zudem Oliven- und Zitrusbäume und nicht zu vergessen der inseleigene Wein. Dies sind alles Punkte, die für die Insel sprechen und zu einem Besuch einladen. Sogar Stars und Geschäftsleute zieht es jährlich auf die wunderschöne Insel, um dort einfach mal abzuschalten.

DER HAFEN NEAPELS

Der Hafen Neapels zählt zu den größten Seehäfen Italiens und liegt direkt am Golf von Neapel vor der charakteristischen Altstadt. Der Hafen existiert seit dem 8. Jahrhundert vor Christi und hat mittlerweile schon über acht Millionen Passagiere beherbergt - darunter auch einige Kreuzfahrtteilnehmer, denn Neapel ist ein beliebtes Anlegeziel der Ozeanreisen. Auch unzählige Güter werden jedes Jahr durch den Hafen geschleust, somit trägt der Hafen Neapels auch in hohem Maße zum In- und Export der Stadt und des Landes bei. Die Uferlänge erstreckt sich über elf Kilometer und beheimatet 75 große Liegeplätze. Das Hafenbecken kann bis zu 17 Meter tief sein und es gibt zwei Hafeneinfahrten mit einer Breite von 250 und 300 Metern. Der Hafen lässt sich ungefähr in drei Abschnitte teilen.

Ein Abschnitt ist für die Kreuzfahrtschiffe und die Passagierschiffe reserviert. Des Weiteren liegen an einem anderen Hafenabschnitt einige Werften der Stadt, in denen Schiffe gebaut werden. Im Osten liegt der dritte Abschnitt, dieser ist zum neuen Industriehafen geworden.

Dass es ein so erhebliches Passagieraufkommen

am Hafen Neapels gibt, liegt an der Tatsache, dass zunehmend Touristen von Neapel nach Capri oder Ischia reisen, nach Sizilien oder Sardinien. Es können von diesem Hafen also unzählige Orte und Inseln angefahren werden, was diesen Hafen so unglaublich beliebt macht. Wenn Sie in der Stadt Neapel eine Unterkunft besitzen, lohnt sich ein 20 bis 30-minütiger Spaziergang, je nachdem wo genau ihre Unterkunft liegt, um sich einen der größten Seehäfen Italiens genauer anzuschauen. Es ist zudem ein Zufluchtsort, um der lauten Innenstadt den Rücken zukehren. Jeder Hafen hat seinen ganz eigenen Charme, so auch der Hafen Neapels.

Wenn Sie Schiffe und das Meer lieben und einfach gerne zuschauen, wie andere Urlauber kommen und gehen, ist der Hafen ein super Ort, um diesen Dingen nachzugehen.

Lifestyle

In Neapel können Sie in den Gassen in einem kleinen Café sitzen und gemütlich einen Espresso trinken, aber Sie können auch durch die Gassen und großen Straßen schlendern und die Augen beim Shoppen nach einem neuen Lieblingsstück offenhalten. In Neapel gibt es zudem zahlreiche vielfältige Restaurants, in denen Sie eine berühmte neapolitanische Pizza verspeisen oder einfach ein Glas Wein trinken können und dabei die belebten Straßen beobachten können. In diesem Kapitel lernen Sie die Menschen und ihre Gewohnheiten kennen, die Straßen Neapels und ihre Geschäfte, die

Restaurants und ihre Gerichte und auch Personen, die immer auf der Suche nach neuen Clubs sind, werden hier fündig. Viele Italiener und auch die Neapolitaner legen viel Wert auf ihr Äußeres. Vor allem die jüngere Generation weiß genau, was gerade in der Fashion Welt los ist. Aus diesem Grund wird Lifestyle in vielen Regionen Italiens großgeschrieben.

Shoppen

In Neapel entdecken Sie Shopping-Meilen mit teuren Boutiquen, aber auch Straßen mit Geschäften für den kleinen Geldbeutel. Neapel bietet viele Möglichkeiten, sich etwas Schönes zu kaufen, sei es ein Souvenir für die Familie oder eine schicke, neue Klamotte für den eigenen Gebrauch. Es gibt elegante Passagen mit echten Hinguckern und die normalen Geschäfte für jedermann. Zwei der berühmtesten Straßen mit den schönsten Boutiquen sind die Via dei Mille und die Via Filangieri. Sie beheimaten Geschäfte mit den teuersten und bekanntesten Marken der Welt. Sie stoßen hier auf edle

Klamottengeschäfte, aber auch auf Läden mit teurem Schmuck und Juwelen. Natürlich sind diese beiden Straßen eher für den größeren Geldbeutel. Es lohnt sich aber dennoch, sich diese edlen Shoppingstraßen anzuschauen und die Schaufenster der großen Modelabels zu bestaunen. Auch die Via Chiaia ist bekannt für ihre teuren Modegeschäfte und verbindet die Piazza del Plebicito und die Piazza dei Martiri. Diese Straßen haben aber nicht nur teure Geschäfte zu bieten, sondern auch Eisdielen, gemütliche Restaurants und Bars, in denen Sie entspannen können nach mehrstündigen Shopping-Trips.

Kommen wir nun zu einer Passage, die berühmt und bekannt unter Touristen und Bürgern ist: Die Via Toledo. Dies ist eine Fußgängerzone, aber Achtung, in Neapel ist alles möglich und es kann auch mal ein Motorroller an Ihnen vorbeisausen. Doch meistens können Sie dort sehr angenehm durch die Geschäfte stöbern und die bunten Schaufenster begutachten. Von bekannten Modellabeln wie H&M, Bershka und Victoria's Secret ist auch etwas ganz Besonderes für den kleinen Gast dabei, und zwar ein Disney Store. Wenn Sie durch diese Straße schlendern, sollten Sie unbedingt halt an der Eisdiele Casa

Infante machen. Dort gibt es köstliches Eis und die berühmten Taralli, die im ganzen Süden Italiens verbreitet sind. Was genau Tarallis sind, wird erst im Kapitel „Pizza, Pasta und mehr" aufgedeckt, also Weiterlesen lohnt sich.

Etwas ganz Besonderes ist die Galleria Umberto. Dies ist eine Einkaufspassage mitten in der Altstadt Neapels. Sie ist mit einer riesigen Glaskuppel überdacht. Im Inneren ist diese Passage sehr elegant und mit Mosaiken auf dem Boden und Fresken an den Wänden bestückt. Der Anblick dieser architektonischen Bauleistung ist überwältigend und verschlägt so manchen Besuchern die Sprache. Sie können dort tolle Fotos schießen, in den Cafés sitzen und einen heißen Espresso trinken oder in die Geschäfte gehen und shoppen. Doch lohnt es sich, die Galleria Umberto vor allem aufgrund ihres künstlerischen Daseins zu besuchen.

Die Via B. Croce, Via SB dei Librai und Via Mezzocannone lohnen sich vor allem für Souvenirliebhaber. Sie finden dort hübsche, kleine Geschäfte mit tollen Geschenken für die Lieben daheim und handgefertigte Kleidungsstücke, zudem auch alte charakteristische Buchhandlungen. Die beliebteste

Einkaufsmeile wird wohl die Corso Umberto sein. Diese verbindet, auf einer Strecke von einem Kilometer, den Hauptbahnhof mit der Piazza Bovio und lockt Neapolitaner und Touristen mit modischen Geschäften wie Adidas und lokalen Läden.

Für den kleinen Geldbeutel ist hier auf jeden Fall etwas dabei. Die Via Dumo ist, wie der Name schon sagt, die Straße neben der berühmten und hier schon vertieften Kathedrale. Sie lockt vor allem mit der Tatsache, dass es hier zahlreiche Museen gibt und einige Bekleidungsgeschäfte, welche Hochzeitskleider verkaufen. Falls Sie eine Unterkunft im Stadtteil Vomero gebucht haben, bieten sich die Via Scarlatti und die Via Giordano zum Shoppen an. Auch hier sind eher die eleganten Geschäfte beheimatet, es befinden sich aber in den Seitenstraßen und Gassen auch Geschäfte, in denen zu günstigeren Preisen eingekauft werden kann.

Ein letzter Tipp ist die „Sea Gallery". Die „Sea Gallery" befindet sich auf dem Pier des Hafens Neapels und beeindruckt die Besucher dort mit über 50 Stores. Demgegenüber gibt es viele Restaurants und Bars, in denen abgeschaltet werden und eine Pause vom stressigen Shopping-Tag gemacht werden kann.

Neapolitaner

Die Neapolitaner sind aufgeschlossene und lebensfrohe Menschen. Sie können selten die Füße stillhalten, was bei der chaotischen Stadt Neapel auch kein Wunder ist. Die Einwohner begnügen sich mit wenig und sind stolz auf ihre berühmten Pizzen. Viele der in Neapel lebenden Personen können sich ein Leben außer Orts nicht mehr vorstellen, zu tief sitzt die Heimatverbundenheit und das Band zwischen ihnen und ihrer geliebten Stadt ist zu fest, um getrennt zu werden. Sie finden sich gut in ihrem hektischen Leben in Neapel zurecht und helfen Touristen oft, wenn diese den Wald vor lauter Bäumen nicht mehr sehen, denn Neapel kann sehr einschüchternd sein, mit seinen vielen verwinkelten Gassen. Wie im ersten Kapitel beschrieben, leben in Neapel fast 1 Millionen Menschen, da kann es auf den Straßen leicht zu unerwarteten Situationen kommen.

Denn ein Klischee, welches Italiener generell betrifft, ist, dass sie egoistisch beim Autofahren sind und das lässt sich auch in Neapel spüren. Dass Sie besser aufpassen sollten an Fußgängerüberwegen und Ampeln, wird im Kapitel „Insider-Tipps" vertieft. Zudem lieben die Neapolitaner ihre kleinen Motorroller und ihre Piaggio Ape, dies sind sehr kleine Autos mit drei Rädern. Mit diesen Gefährten kommen sie schnell durch die engen Gassen, können sich bei Stau um die anderen Autos winden und kommen so schneller an ihr Ziel. Die Einheimischen haben zudem die Ruhe weg. Es sieht zwar oft so aus, als würden sie an viele Orte sprinten und immer gegen die Zeit rennen, doch sind sie sehr entspannt und lassen sich gerne auf ein Gespräch auf dem Fußweg ein oder gehen spontan in ein kleines Café um die Ecke. Die Menschen werden hier als warmherzig und zuvorkommend beschrieben und eine Reise in diese Stadt lohnt sich, um sich davon selbst zu überzeugen. Lassen Sie sich vom Trubel der Stadt und von viel Wäsche auf Balkons nicht unterkriegen und erleben Sie die Stadt Neapel so, wie es die Neapolitaner auch tun. Hier sollten Sie selbstbewusst durch die Straßen gehen, dadurch kommen Sie gut bei den Einheimischen an und Sie signalisieren, dass Sie sich in Neapel auskennen und wissen, wie der Hase läuft. Sie dürfen sich auf keinen Fall einschüchtern lassen und zulassen, dass Sie diese Stadt unterdrückt, denn nur so wird Ihr Erlebnis hier spannend und vielseitig. Tauchen Sie in die Welt der Neapolitaner ein und genießen Sie das Leben dort, als wären Sie selbst dort aufgewachsen.

An dieser Stelle ist es sinnvoll zu erzählen, dass Neapel eine große Universität besitzt. Sie ist eine der größten Universitäten Italiens, denn 75.000 Studenten besuchen sie und 5300 Personen sind dort angestellt. Also machen Studenten einen großen Teil der Einwohner aus. Neapel begrüßt dadurch auch jährlich viele Studenten aus anderen Ländern. Es herrscht eine große Vielfalt an Studiengängen an der Universität, welche verschiedene Richtungen abdecken.

Pizza, Pasta und mehr

Kommen wir nun zum kulinarischen Neapel. Ganz klar stehen hier Pizza und Pasta im Fokus, doch hat Neapel noch ganz andere Spezialitäten zu bieten. Die Pizza in Neapel hat sich ihren guten Ruf verdient. Überall wird versucht, diese Pizzen nachzuahmen, da sie einfach unwiderstehlich ist. Es liegt daran, dass die Neapolitaner den Boden der Pizza sehr, sehr dünn halten und den Rand zäh backen, dies ist ein Markenzeichen dieser Pizza. Der Rand wirft kleine Bläschen und ist gut gebräunt. Sie verwenden nur die frischesten Zutaten, wie italienische Tomatensoße mit den angebauten Tomaten südlich des Vesuvs. Des Weiteren kommt salziger Büffelmozzarella auf die Pizza.

Dies ist nicht irgendein klassischer Mozzarella, sondern ein mediterraner und geschützter Mozzarella di Bufala Campana, der fast überall in Neapel als Vorspeise angeboten wird oder als Topping auf der besten Pizza der Welt. Abgerundet wird die Pizza mit frischen Basilikumblättern, die der Pizza nochmals einen besonderen aromatischen Geschmack verleihen. Es klingt nach einer ganz einfachen Pizza mit gewöhnlichen Zutaten, doch überzeugen Sie sich am besten selbst, was diese Pizza so besonders macht. Sicher gibt es auch Pizzen mit anderen Belägen, die ganz nach Ihren Wünschen serviert werden kann. Wer wirklich gerne Pizza isst, schwebt beim Genuss dieser original neapolitanischen Pizza im siebten Pizza-Himmel. Ein weiterer Klassiker der Stadt sind die frittierten Taschen aus Pizzateig. Sie sind mit leckeren Zutaten gefüllt, wie Salami, Schinken, Büffelmozzarella, Ricotta und Tomatensauce.

Im Folgenden werden einige Restaurants genannt, denen Sie auf jeden Fall einen Besuch

SO LEBT NEAPEL

abstatten sollten. Das Il Piastrato zählt zu den beliebtesten Restaurants der Stadt. Es beeindruckt mit ausgezeichneter Qualität, sehr gutem Service und exzellenter Küche. Von kleinen bis ausgewogenen Mahlzeiten können Sie hier vieles bekommen. Vor allem lohnt es sich, in diesem Restaurant das Steak zu probieren, aber auch Burger, Pommes und Antipasti können sich hier sehen lassen. Sie finden das Il Piastrato in der Via Silvio Spavent 48/50. Lassen Sie sich persönlich von dem Genuss des Essens und der lockeren Atmosphäre dort beeindrucken. Ein weiterer Geheimtipp ist das NaBeer Birroteca. Dies ist eine kleine rustikale Bar, in der alle Gäste herzlichst begrüßt werden und eine familiäre Gesamtatmosphäre herrscht. Die NaBeer Birroteca lohnt sich vor allem für ein gemütliches Bier oder einen leckeren Wein, doch dient dir Besitzer dieser Bar auch mit Speisen. Diese Bar finden Sie in der Vico Sergente Maggiore 39.

Eine italienische Spezialität ist nicht nur Pizza, sondern auch Pasta. Deshalb darf auch in Neapel ein leckeres Pasta Restaurant nicht fehlen. Die Sea Front Pasta Bar in der Piazza Municipio 1, nur 300 Meter von der Galleria Umberto entfernt, bietet solche vorzüglichen Pastagerichte an. Das gesamte Arrangement lädt zu einem gemütlichen Pastaessen ein und Sie können zuschauen, wie Ihr Gericht zubereitet wird. Die Sea Front Pasta Bar punktet mit sehr gutem Service und bestem Essen. Sie merken, dass die Stadt ein breites kulinarisches Angebot zu bieten hat.

Ein Leibgericht der Neapolitaner sind Spaghetti alle vongole, dazu gehören Muscheln, Knoblauch, Peperoni und Petersilie. Auf der Insel Capri wird Pasta auch gerne mit frischen Meeresfrüchten garniert. Außerdem gibt es auf Capri spezielle Ravioli, ravioli capresi. Diese sind gefüllt mit Parmesan und Majoran und werden in einer speziellen Salbeibutter geschwenkt.

Zudem hat jede Jahreszeit seine ganz eigenen Vorzüge. Im Frühjahr werden Sie mit leckerem Spargel und Artischocken begeistert und natürlich mit besonderen Osterspezialitäten. Im Sommer haben Gemüsesorten wie Auberginen, Paprika und Tomaten ihre Hochzeit. Besonders die Tomaten werden in Neapel wertgeschätzt, da sie für die leckere Tomatensoße auf der neapolitanischen Pizza verwendet werden. Eine ganz besondere Spezialität sind vesuvische Aprikosen, die den Geschmack des Sommers verkörpern und besonders frisch und fruchtig schmecken. Im Herbst punktet Neapel mit leckeren Pilzen, Kastanien und schwarzen Trüffeln. Im Winter zaubern die Neapolitaner eine würzige Kastanien-Bohnen-Suppe, welche für Gäste zu dieser Jahreszeit ein Muss ist. Zudem gibt es traditionelle Weihnachts- und Karnevalsspezialitäten. Neapel kann nicht nur herzhaft, sondern auch süß. Taralli ist ein Gebäck, welches vor allem im südlichen Teil Italiens verbreitet ist. Taralli ähneln in ihrer Konsistenz einer Brezel und sind meist mit Zucker glasiert und werden zu einer Art Donut geformt. Das Gebäck kann aber auch herzhaft genossen werden, in verschiedenen Varianten.

Wenn Sie gerne zum Abend- oder Mittagessen in ein Restaurant einkehren, sollten Sie darauf achten, dass Sie nicht von penetranten Restaurantmitarbeitern belagert und regelrecht gezwungen werden, in ihrem Restaurant zu speisen. Suchen Sie sich ein Restaurant, welches Sie einladend anlächelt und Sie denken, dass Sie sich dort wohlfühlen. Das Wichtigste ist, dass Sie Ihre leckere Pizza oder Pasta genießen können und gestärkt Ihre Tour durch Neapel fortführen oder gesättigt zu Bett gehen können.

Party in Neapel

Neapels Nachtleben hat viel zu bieten und für jeden Geschmack lässt sich dort etwas finden - sei es einen ruhigen Abend mit Getränken und Freunden zu erleben oder Tanzen und Feiern bis in die frühen Morgenstunden. Einen guten Start in einen lustigen Abend bietet das Cammarota Spritz. Dort kostet ein Aperol Spritz nur einen Euro und Sie können es sich direkt beim Stand auf ein paar Stühlen bequem machen und auf den Abend anstoßen. Eine beliebte Bar in Neapel ist das Up Stroke. Das Up Stroke ist eine Piano-Bar, die mit Live Musik lockt und ein schickes Ambiente bietet. Dort gibt es oft verschiedene Events und die Preise für Getränke sind bezahlbar. Vielleicht hat ja jemand von Ihnen schon vom ältesten Underground Club der Stadt gehört. In der Velvet-Zone treffen Menschen von jung bis alt aufeinander und feiern bis in die Morgenstunden. Wenn Sie die Einheimischen fragen würden, welchen Club man in Neapel besucht haben sollte, ist die Velvet-Zone sicher unter den Antworten dabei. Wenn sich unter Ihnen Weinliebhaber befinden, sollten Sie unbedingt die Enoteca Belledonne aufsuchen. Dies ist eine Weinbar, in der zu guten Preisen leckere Weine erworben werden können.

Bei einer entspannten Atomsphäre können Sie hier Ihren Urlaub in vollen Zügen genießen. Die schmackhaften Weine können dort auch zum Mitnehmen in Flaschen gekauft werden. Neapel hat nicht nur normale Clubs und Bars auf Lager, sondern kann auch mit Party am Strand angeben.

Im Stadtviertel Bagnoli gibt es einen Strandabschnitt, der tagsüber Badegästen zur Verfügung steht und nachts die Türen für partyhungrige Touristen und Einheimische öffnet. Arenile di Bagnoli ist ein angesagter Club, in dem schon internationale Stars aufgelegt haben. Dieser Club ist sehr beliebt und bei großen Veranstaltungen wird auch oft am Strand gefeiert, mitten am Meer - was wollen Sie mehr?

Dies sind nur einige der vielen Clubs und Bars der Stadt. Lassen Sie sich selbst vom Charme einiger Bars mitreißen und tanzen Sie zu internationaler Musik bis in die Nacht hinein. So wird Ihr Urlaub in Neapel abwechslungsreich und voller Abenteuer. Die Eintritts- und Getränkepreise sind in jedem Etablissement anders kalkuliert, aber oft finden Sie Bars und Clubs, in denen die Preise wirklich erschwinglich sind und so einem witzigen Abend nichts im Wege steht. Zurück von den Clubs oder Bars kommen Sie mit öffentlichen Verkehrsmitteln oder Taxen. Nachts sollten Sie auf keinen Fall allein durch die Stadt laufen und vor allem nicht weite Strecken allein zurücklegen. Es ist immer unsicher unbekanntes Terrain allein zu durchqueren, aber nachts sollten Sie besonders vorsichtig sein.

Hotels

D a Neapel eine Touristen-Hochburg ist, gibt es hier auch einige Hotels und Hostels. Je nachdem, wie Sie Ihr Budget für die Tage verplant haben, können die Preise pro Nacht variieren. Ein Hotel kann günstig sein und 20€ pro Nacht kosten, aber es gibt natürlich auch Unterkünfte, in denen Sie weitaus mehr bezahlen müssen. Am besten recherchieren Sie vorher und filtern nach Ihren Ansprüchen die für Sie passenden Unterkünfte aus dem Pool an Angeboten heraus. Aber im Folgenden werden hier einige Tipps für Sie aufgelistet, denen Sie nachgehen können und welche günstig sind und

Komfort zugleich bieten. Denn ein Hotel mit einer guten Lage und den richtigen Vorzügen ist nicht immer ganz leicht zu finden.

Am beliebtesten sind Hotels mitten in der Altstadt, weil von dort aus schnell viele Sehenswürdigkeiten erreicht werden können. Aber auch Hotels um den Bahnhof sind beliebt, da dort die Verkehrsanbindungen einfach ideal sind. Das Hotel New Sayonara liegt in der Nähe des Bahnhofs, hat somit eine gute Lage. Es ist ein drei Sterne Hotel und bietet freies WLAN. Zudem gibt es einen Fernseher auf dem Zimmer und eine Klimaanlage. Morgens wird ein leckeres, süßes Frühstück serviert. Je nach ihrem Reisezeitraum variiert der Preis, der insgesamt jedoch eher für den kleinen Geldbeutel ausgelegt ist. Ein weiteres Hotel wäre das B&B Tarumbò.

Dies zählt zu den Bestsellern in Neapel und ist bei Reisenden sehr beliebt. Dieses Hotel liegt direkt in der Altstadt Neapels, wodurch vieles fußläufig unglaublich gut zu erreichen ist. Auch dieses Hotel bietet Frühstück, einen Fernseher im Zimmer, eine Klimaanlage und kostenfreies WLAN. Aus ihrem Zimmer können Sie verschiedene Aussichten genießen, je nachdem, zu welcher Seite Ihr Zimmer rausgeht. Des Weiteren können Sie auch Ferienwoh-nungen in Neapel buchen. Ein Tipp wäre das Casetta Lopez. Auch diese Ferienwohnung ist eine beliebte Unterkunft für Urlauber. Die Größe der Appartements variiert und es gibt freies WLAN. Die Appartements liegen weniger als einen Kilometer vom archäologischen Nationalmuseum entfernt. Sie bieten einen kostenpflichtigen Flughafentransfer an, dadurch sind Sie direkt bei Ihrer Unterkunft bzw. beim Flughafen. Bei den Appartements gibt es eine Autovermietung.

Insider-Tipps

Ein wichtiger Tipp ist es, in Neapel lieber nicht selbst Auto zu fahren. Dort geht es im Straßenverkehr heiß her und es kann wirklich gefährlich werden. Sie kommen innerhalb Neapels mit den öffentlichen Verkehrsmitteln ganz einfach, schnell und für den kleinen Geldbeutel von einem Ort zum anderen, sei es mit Bus oder U-Bahn. Auch zu Fuß kann viel erreicht werden, je nachdem, in welchem Teil der Stadt Sie Ihre Unterkunft gebucht haben.

Wussten Sie, dass Julia Roberts in einem mittlerweile sehr berühmten Restaurant eine typisch neapolitanische Pizza verköstigt hat? Sie war für die Dreharbeiten von „Eat, Prey, Love" in Neapel und hat im Restaurant „Da Michele" genüsslich eine Pizza gegessen. Nicht nur der Besuch einer berühmten Schauspielerin zieht Einheimische und auch Touristen an, sondern der Ruf, dass es dort die beste Pizza der Welt geben soll.

Wenn Sie sich denken, „das kann ich mir nicht entgehen lassen" liegen Sie völlig richtig. Sie sollten aber vorher genug Zeit einplanen, denn fast jeden Tag wartet eine Menge von Menschen vor dem Restaurant und möchte unbedingt eine dieser besten Pizzen der Welt verspeisen. Also kann die Wartezeit gut und gerne an schlechten Tagen bis zu 60 Minuten dauern und es kann sein, dass Sie ihre Pizza auch nicht dort essen können, da das Restaurant sehr klein ist und nur wenig Sitzplätze zu Verfügung hat. Die Pizza kann aber genüsslich in Ihrer Unterkunft verspeist werden oder Sie suchen sich eine andere ruhige Sitzgelegenheit in der Stadt.

Ein weiterer Tipp ist es, denn leckeren Limoncello zu probieren, der vor allem an der Amalfiküste für großes Aufsehen sorgt. Dieser fruchtige Zitronenlikör ist aber auch in der Stadt Neapel erhältlich.

Die Neapolitaner sind sehr stolz auf ihren Limoncello und füllen ihn liebevoll in verschiedenen Flaschen ab und stellen ihn an Straßenständen aus. Der
unvergleichliche Geschmack des Likörs lässt Kopien
alt aussehen und trumpft mit seiner fruchtig-spritzi-
gen Note. Dieser Likör eignet sich perfekt als schönes neapolitanisches Souvenir oder Sie genießen ihn
einfach, wenn Sie wieder zuhause sind und denken
an die spannenden Tage in der bunten italienischen
Stadt zurück.

Wie schon angedeutet, kann der Hafen ein schö-
ner Rückzugsort sein. Abends ist es wunderschön,
sich mit einem kalten Bier oder einem Gläschen
Wein an einen Steg zu setzen und auf das Meer hin-
auszuschauen. Die glitzernde und laute Welt Neapels kann für einen Moment hinter sich gelassen
werden und Sie können das Hier und Jetzt in vollen
Zügen genießen. Wenn das Wetter schön ist - und die
Chancen stehen in Neapel sehr gut - können Sie von
Ihrem Platz am Hafen aus den Vesuv sehen und diesen einzigartigen Anblick in sich aufnehmen. Oft
treffen sich auch die Einheimischen unten am Hafen
und plaudern auf einer Bank und genießen die
Sonne.

Wenn Sie in Neapel sind und durch die vielen kleinen Gassen schlendern oder in der Nähe des Bahnhofes sind, können Sie sehr viele Läden oder Restaurants entdecken, die zwei oder drei kleine Tische vor ihre Haustür gestellt haben. Dort können Sie sich morgens bequem hinsetzen und den Tag mit einem leckeren Frühstück beginnen. Trinken Sie einen Espresso und frisch gepressten Orangensaft und suchen Sie sich aus den kleinen, gekühlten Vitrinen einen Frühstückssnack aus. Morgens essen die Neapolitaner gerne Croissant, ihre leckeren Taralli oder eine weitere Spezialität, sfogliatelle. Dies ist ein kegelförmiges Gepäck und hat ihren Ursprung in einem Kloster in der Nähe von Salerno. In ihrem Inneren befindet sich eine süße Füllung aus Ricotta, Zimt und Orangenblütenaroma. Wenn Sie diese Köstlichkeiten probiert haben, wissen Sie, wie Neapel schmeckt: Einfach bezaubernd und anders.

Ein Tipp, den Sie sicher in jeder Urlaubsstadt berücksichtigen sollten, ist, dass Sie gut auf Ihre Wertsachen aufpassen sollten. Leider gibt es auch in Neapel Taschendiebe oder Gruppen, die darauf spezialisiert sind, Sie auszurauben. Wenn Sie diese Tipps beachten und vorher recherchieren, was Sie gerne erleben und sehen wollen und ein für Sie zentrales Hotel gebucht haben, steht Ihrem Städtetrip nach Neapel nichts mehr im Weg.

Es gibt außerdem die sogenannte campania artecard. Diese kann Ihnen während Ihres dreitägigen Aufenthalts in Neapel viele Vorteile bieten. Diese Karte kostet 32 € und damit haben Sie die ersten beiden Sehenswürdigkeiten kostenlos und bei der dritten Sehenswürdigkeit erhalten Sie 50 % Ermäßigung. Die Karte kann auch für die öffentlichen Verkehrsmittel genutzt werden und wird bei der ersten Fahrt aktiviert und gilt ab dem Zeitpunkt drei Tage. Oder sie wird aktiviert, wenn Sie die erste Sehenswürdigkeit besuchen, und gilt auch ab diesem Zeitpunkt drei Tage lang. Sie können die Karte online erwerben oder in Neapel in den großen Museen oder archäologischen Stätten.

Falls Sie die Idee haben, in der Nebensaison nach Neapel zu reisen, das heißt nicht im Hochsommer, sondern von November bis März, können Sie viel Geld sparen. Bis zu 30 % Rabatt winken auf verschiedene Sehenswürdigkeiten und Hotels. Doch muss hier beachtet werden, dass viele Hotels, Restaurants und Attraktionen schließen, da es sich für viele Neapolitaner nicht unbedingt lohnt, ganzjährig geöffnet zu haben.

Sie merken, Neapel kann alles zugleich sein. Es ist chaotisch, es ist pulsierend, es ist schillernd, es ist einschüchternd, es ist so vieles - nur nicht langweilig. Die Stadt öffnet mit ihren vielen Sehenswürdigkeiten allen Urlaubern und Touristen die Pforten und die Menschen Neapels freuen sich, jedem etwas von der Stadt und Kultur näher bringen zu können. Sie können die kulturelle Vielfalt genießen und das leckere Essen. Kehren Sie ein in gemütliche Restaurants und speisen Sie dort. Wenn Sie eine Reise nach Italien planen, dann beziehen Sie die Stadt Neapel mit ein in Ihren Entschluss.

Packliste

Geld & Finanzen

O (evtl.) Auslandswährung
O Bargeld
O Bauchtasche
O Brustbeutel
O Bauchtasche
O EC-Karte
O Kreditkarte
O Notfall-Telefonnummern der Banken
O Portmonee

Hygiene

O Haarbürste / Kamm
O Deo (klein)
O Shampoo
O Kulturtasche
O Sonnencreme
O Taschentücher

O Reise-Zahnbürste und Zahnpasta
O Verhütungsmittel

Kleidung

O Badeklamotten
O Gürtel
O Hosen kurz / lang
O Mütze / Cap / Hut
O Pullover
O Regenjacke
O Schlafanzug
O Socken
O Sonnenbrille
O Sportklamotten / Jogginghose
O T-Shirts
O Unterwäsche

Medikamente

O Blasenpflaster
O Anti-Durchfalltabletten
O Erste-Hilfe-Set

O Fiebertabletten
O Fiebertabletten
O Mückenschutz
O sonstige Medikamente
O Pflaster
O Kopfschmerztabletten

Unterlagen & Papiere

O ADAC Unterlagen
O Adresslisten für Postkarten
O Krankversicherungsnachweis
O Stadtplan
O Führerschein
O Unterlagen für die Unterkunft
O Wasserdichte Hülle für Reiseunterlagen
O Impfausweis
O Mietwagenunterlagen
O Personalausweis
O Reisepass
O Reisetagebuch
O evtl. Studentenausweis

O evtl. Visum
O Zug- / Bahn- / Flugticket

Taschen & Rucksäcke

O Koffer / Trolley / Reisetasche
O Regenhülle für Rucksack
O Rucksack

Schuhe

O Badeschlappen / Hausschuhe
O Schuhe und Wechselschuhe

Sonstiges

O Brille / Kontaktlinsen und Etui
O Buch zum Lesen
O Ohrenstöpsel und Schlafmaske
O Regenschirm
O Reisedecke
O Wasserflasche
O Wörterbuch

Elektronik

O Digitalkamera
O Handy
O Ladekabel
O Kopfhörer
O evtl. Steckdosenadapter
O Power-Bank

Herstellung und Verlag:

BoD – Books on Demand, Norderstedt

ISBN: 9783750434622

© Luise Eichwald 2020

1. Auflage

Kontakt: Psiana eCom UG/ Berumer Str. 44/ 26844 Jemgum

Covergestaltung: Fenna Larsson

Coverfoto: depositphotos.com